www.entdecke.de

Titelbild: Fütterung der jungen Schwarzspechte
Rückseite: Buntspecht im Flug
Seite 1: Rotbürzelspecht
Seite 2: Buntspecht

2. aktualisierte Auflage 2022

ISBN: 978-3-86659-286-5

An der Kleimannbrücke 39/41
48157 Münster
Tel.: 0251-13339-0
Fax: 0251-13339-33
E-Mail: verlag@ms-verlag.de
Home: www.ms-verlag.de
Geschäftsführung: Matthias Schmidt
Layout: Ann-Christine Schönenberg
Bildredaktion: Dr. Klaus Ruge, Kriton Kunz
Lektorat: Kriton Kunz
Druck: Drusala, Frýdek-Místek

Alle in dieser Aufstellung nicht aufgeführten Fotos sind vom Autor.
Titelbild: Arco Images GmbH: M. Delpho
Rückseite: Thinkstock Images International: MikeLane45 | Autorenfoto: C. Preuß
Vorsatz: mauritius images: Alamy Stock Photo/V. Vishnevskiy

Shutterstock:
Seite 1: gopause
Seite 4+5: francesco de marco
Seite 16: oben: Mike Truchon
Seite 21: unten rechts: Bildagentur Zoonar GmbH
Seite 22: oben: Bildagentur Zoonar GmbH
Seite 30: unten: Agustin Esmoris
Seite 30: rechts: Bildagentur Zoonar GmbH
Seite 31: oben links: Szymon Bartosz
Seite 31: unten links: Alta Oosthuizen
Seite 34: unten: Gerald Marella
Seite 37: oben: Dennis W. Donohue
Seite 44: Targn Pleiades
Seite 45: unten: mikeledray
Seite 52: oben: Vishnevskiy Vasily
Seite 54: unten links: D. Kucharski K. Kucharska
Seite 56: Mitte: aaltair
Seite 56: unten: Bildagentur Zoonar GmbH
Seite 60: oben links: KOO
Seite 64: ehtesham
Seite 21: oben: gdbeeler
Seite 23: oben rechts: Zoonar RF
Seite 23: unten: Gewoldi
Seite 25: Mitte: tellmemoreooo
Seite 26: oben: stoncelli
Seite 26: unten: romu
Seite 28+29: Paffy69
Seite 28: unten: SerrNovik
Seite 30+31: Rawpixel Ltd
Seite 31: rechts: Araleboy
Seite 34: Araleboy
Seite 35: unten rechts: jean-edouard rozey
Seite 38: unten: ValentynVolkov
Seite 42: Neonci
Seite 43: oben: HeikeRau
Seite 43: Dose: Andy Lidstone
Seite 43: Löffel: photohomepage
Seite 43: Kerne: Sarah Marchant
Seite 45: oben: Vitali Dyatchenko
Seite 49: MikeLane45
Seite 50+51: MikeLane45
Seite 51: oben: ornitolog
Seite 54+55: MikeLane45
Seite 59: rechts: pum_eva
Seite 60: unten links: MikeLane45
Seite 62+63: Hintergrund: JohannesK
Seite 61: unten: Schaef1

Thinkstock Images International:
Seite 6: links: cowboy5437
Seite 6: Vladimir Borisov
Seite 6+7: AT images/a.collectionRF
Seite 8: unten rechts: kajornyot
Seite 10: Vassiliy Vishnevskiy
Seite 11: unten: TrentBell
Seite 15: oben rechts: Snap2Art_RF
Seite 16: unten: kojihirano
Seite 17: unten: Artranq

Arco Images GmbH:
Seite 2+3: FLPA/Tony Hamblin
Seite 7: unten links: Minden Pictures/ Marijn Heuts/ NiS
Seite 7: unten rechts: imageBROKER/ Erhard Nerger
Seite 8: oben: ALIMDI.NET/ Arterra/Philippe Clement
Seite 8: unten links: FLPA/ Emanuele Biggi
Seite 18+19: Rolf Müller
Seite 27: FLPA/John Hawkins
Seite 30: links: FLPA/ Tom and Pam Gardner
Seite 31: Mitte: TUNS
Seite 33: unten links: Sunbird Images/ G. Pohland
Seite 33: unten rechts: TUNS
Seite 36: FLPA/Neil Bowman
Seite 37: unten rechts: FLPA/Tom and Pam Gardner

Okapia KG:
Seite 9: Horst Jegen/imageBROKER
Seite 18: unten: imagebroker/Friedhelm Adam
Seite 20: links: Manfred Danegger
Seite 21: unten links: Benno Brossette
Seite 40: oben: NAS/Tom McHugh

mauritius images:
Seite 32: Alamy Stock Photos/Gabbro

juniors@wildlife:
Seite 25: oben: M.Varesvuo
Seite 41: A.Mertiny
Seite 44: unten links: D.Harms
Seite 44: unten rechts: Juniors/ Biosphoto
Seite 46+47: F.Derer/Juniors
Seite 48: oben: WILDLIFE/M.Varesvuo
Seite 52+53: WILDLIFE/M.Varesvuo
Seite 57: oben: WILDLIFE/M.Varesvuo
Seite 58: unten rechts: WILDLIFE/ R.Usher
Seite 60: unten rechts: WILDLIFE/ N.Benvie
Seite 61: unten rechts: Photoshot/ Juniors

Sonstige:
Seite 10: unten rechts: Grafik: nach Susi Neuholt, in Ruge, Bastian, Bruland (1988): Der Wendehals. Verlag Opus data
Seite 12: oben: N. Wimmer
Seite 13: Mitte: N. Wimmer
Seite 13: unten links: W. Tilgner
Seite 14: E. Gow
Seite 20: oben: C. König
Seite 23: oben links: A. Calmbacher
Seite 24: oben: Foto: S. Kambor
Seite 25: unten: C. Preuß
Seite 26: Flasche: C. Preuß
Seite 29: oben: Y. Sochaczewski
Seite 29: unten: C. Preuß
Seite 33: oben: A. Derer
Seite 38: oben: C. Preuß
Seite 39: Y. Sochaczewski
Seite 47: oben: F. Derer
Seite 54: Foto: W. Tilgner
Seite 57: unten: Grafik: nach Wimmer u. Zahner 2010
Seite 58: Foto: F. Derer
Seite 61: oben: Grafik: nach Wimmer u. Zahner 2010

Inhaltsverzeichnis

Spechte wie dieses Weibchen des heimischen Buntspechts sind schöne Vögel! Es macht Spaß, sie zu beobachten.

Willkommen in der Welt der Spechte!

Wenn Du durch einen Laubwald gehst, singen da nicht nur Drosseln, Mönchsgrasmücken oder Waldlaubsänger. Du hörst dort auch ein Klopfen, Hämmern und Trommeln. Mit etwas Geduld und möglichst auch einem Fernglas wirst Du den Trommler entdecken, den Buntspecht nämlich. Zuweilen siehst Du noch andere Spechtarten, den Kleinspecht oder den Mittelspecht. Der Grünspecht fällt durch sein lautes „Lachen“ auf.

Wenn Du genau hinschaust, wirst Du auch immer wieder Spechtspuren finden: Rindenstellen, an denen der Buntspecht gehackt hat, oder kleine, trichterförmige Löcher im Boden, wo der Grünspecht mit seinem Schnabel nach Ameisen bohrte.

Im Frühjahr kannst Du unmittelbar unter den Bäumen und an den Stämmen zuweilen helle Späne entdecken. Das zeigt dir: Hier baut ein Specht seine Höhle.

Von Saftleckern und Hackspechten

Spechte, die ihre Nahrung aus dem Holz hacken, nennen wir Hackspechte. Daneben gibt es Arten wie etwa den Grünspecht, die ihre Nahrung überwiegend aufzüngeln. Schließlich sind da noch die Saftlecker, vor allem in Amerika: Sie ernähren sich, indem sie Baumsäfte auflecken.

Und noch etwas kannst Du im Frühjahr beobachten: An manchen Bäumen, vor allem an Birken, Hainbuchen und Eschen, rinnt Saft herab. Wenn Du die Saftbahn verfolgst, siehst Du ganz oben einen Einschlag – auch das hat ein Specht gemacht.

Wo in der Welt sind Spechte anzutreffen und welche Arten brüten bei uns? Was steht auf ihrem Speisezettel und wie ziehen sie ihre Jungen groß?

Diese und viele weitere Fragen möchte ich Dir nun beantworten. Ein Quiz am Schluss gibt Dir die Möglichkeit, Dein Wissen über die Spechte zu testen. Viel Spaß beim Lesen!

Dieser Buntspecht „fällt“ gerade ins Wellental. Gleich breitet er die Flügel aus, um wieder zum Wellenkopf aufzusteigen.

Typisch Specht!

Es gibt einige Merkmale, an denen Du Spechte leicht erkennst. Typisch für Spechte ist beispielsweise ihr wellenartiger Flug, bei dem sie sich nach ein paar Flügelschlägen zwischendurch absinken lassen. Weitere Besonderheiten möchte ich Dir nun vorstellen.

Klettermeister

Nach jeder Vorwärtsbewegung ruht sich der Specht auf seinem Stützschwanz sitzend aus. Das verschafft ihm einen stabilen Sitz. Dieses kraftsparende Sitzen und Klettern ist eine vollendete Anpassung an seine Lebensweise an senkrechten Baumstämmen. Hier siehst Du einen asiatischen Schwarzkopfspecht.

Der Schwanz als Stütze

Um an Bäumen gut Halt zu finden, haben fast alle Spechte an jedem Fuß vier Zehen mit spitzen Krallen. Klettert der Specht den Stamm hinauf, stützt er sich mit zwei Zehen nach unten ab, mit den beiden anderen hakt er sich oben ein. Beim Abwärtsklettern dreht er die eine Hinterzehe nach oben. Diese Zehe nennt man deshalb Wendezehe.

Zwar geben schon die Krallen dem Specht sicheren Halt, doch ohne seinen Stützschwanz wäre das Klettern viel schwieriger. Vor allem kann er sich damit jedoch abstützen, wenn er mit dem Schnabel hackt, beispielsweise wenn er Nahrung sucht oder sich eine Höhle bauen möchte. Beine, Zehen und Stützschwanz zusammen geben dem Specht sicheren Halt. So kann ein Specht beim Hacken weit ausholen, um kraftvoll zuzuschlagen, ohne herabzufallen. Damit aber der Schwanz auch zum Abstützen benutzt werden kann, ist er besonders fest gebaut. Bei den beiden mittleren Schwanzfedern ist die Spule sehr kräftig. Die Spule ist der Mittelteil der Feder, ihr Kiel. Außerdem sind diese Federn am Ende zugespitzt und leicht gebogen. Dadurch ist die Berührungsfläche mit dem Stamm größer, sodass sie hier besseren Halt finden.

Wenn der Specht sich mausert, also sein Federkleid wechselt, ist das innere Schwanzfederpaar zuletzt an der Reihe. Erst wenn die anderen Federn wieder herangewachsen sind und für eine Weile die Aufgabe der mittleren Federn übernehmen können, fallen die Mittelfedern aus.

Federwechsel

Dass die mittleren Schwanzfedern beim Klettern im Lauf des Jahres abgenutzt werden, kannst Du Dir sicher vorstellen. Bei den anderen Federn ist das ebenfalls so, wenn auch nicht ganz so stark. Deshalb wechseln Spechte wie die meisten anderen Vögel auch ihre Federn einmal im Jahr. Das nennt man Mauser.

Nicht verwechseln!

Bei uns lebt neben den Spechten und zwei Baumläuferarten (rechts der Garten-Baumläufer), die allesamt nur den Stamm hinaufklettern können, auch noch ein anderer richtiger Klettervogel: der Kleiber (links). Er kann sogar kopfüber am Stamm hinabklettern.

Dieser junge Grünspecht angelt mit seiner langen Zunge Ameisen aus ihren Gängen

Mit Schnabel und Zunge

Noch etwas anderes ist typisch Specht: der Meißel-Schnabel. Der Vogel setzt ihn für vielerlei Zwecke ein. Im Frühjahr schlagen Spechte auf tote Äste, hohle Stämme oder sogar Regenrinnen, weil das besonders laute Töne erzeugt. Auf diese Weise lassen sie je nach Art unterschiedliche Trommelwirbel erschallen, die weithin hörbar sind. Damit zeigen sie Artgenossen an: „Hier lebe ich, das ist mein Revier!“

Der Schnabel ist aber natürlich auch für den Nahrungserwerb wichtig. Fast alle unsere bunten Spechte hacken Käferlarven oder Ameisen aus totem Holz. Diese Hackspechte sind das, was wir als „typisch Specht“ betrachten. Die freigehackten Larven spießt der Specht nicht mit dem Schnabel auf, sondern mit seiner ganz besonderen Zunge: An ihr sorgen wie bei einer Harpune Widerhaken dafür, dass die Beute nicht entkommen kann. Ein Specht kann seinen Schnabel zusätzlich wie eine Pinzette benutzen, um kleine Raupen oder Spinnen aufzupicken.

Die Zungen der sogenannten Hackspechte eignen sich wie eine Harpune zum Aufspießen von Käferlarven

Dieser indische Weißnackenspecht hat gerade eine dicke Larve aus dem Holz gehackt

Das Kleinspechtweibchen wirft gerade Späne aus der Höhle. Kleinspechte haben einen schwachen Schnabel. Darum bevorzugen sie weiche Holzarten.

Hätten Spechte keinen so kräftigen Schnabel, wären sie zudem nicht dazu fähig, sich ihre Höhlen zum Brüten und Schlafen selbst zu bauen. Allerdings halten sie Maß mit ihren Kräften. Sie bauen ihre Höhle nämlich dort, wo das Holz schon durch Fäulnis geschwächt und weich ist. Trotzdem müssen sie meistens eine kleine Strecke gesundes Holz aushacken, ehe sie an den weicheren Teil gelangen.

Vorausschauende Häuslebauer

Schwarzspechte planen oft viele Jahre im Voraus. Sie schlagen an einer geeigneten Stelle ein kleines Loch in einen gesunden Stamm. Durch dieses Loch dringen Pilze in das gesunde Holz und zersetzen es. Nach einigen Jahren kommt der Specht zurück und baut die Höhle nun mit wenig Kraftaufwand fertig. Amerikanische Spechte sollen sogar Pilze zu den „Anfangslöchern" tragen, damit das Holz schneller zersetzt wird.

Schwarzspecht-Männchen beim Hämmern

Hämmern ohne Kopfschmerzen

Du hast Dich vielleicht schon einmal gefragt, wie das Spechtgehirn das starke Trommeln und Hämmern mit dem Schnabel aushält? Wieso bekommt der Specht bei seiner „Kopfarbeit“ keine Kopfschmerzen?

Der Spechtkopf ist so gebaut, dass die Wucht der Schläge dem Hirn nicht schadet. Die knöcherne Hülle des Gehirns, also der Schädel, ist stärker als bei anderen Vögeln. Zwischen den Augen befindet sich eine knöcherne Scheidewand, und an der Eintrittsstelle des Sehnervs in den Schädel befinden sich knorpelig-knochige Einlagerungen. Der Schnabel ist mit dem Hirnschädel außerdem nicht starr verbunden, sondern federnd. Das ist so, als wäre ein Stoßdämpfer dazwischen. Außerdem ist das Gehirn von Flüssigkeit umgeben, und diese Flüssigkeit wiederum ist von einer derben Haut umschlossen. Somit ist das Gehirn im Schädel noch einmal extra „weich“ gelagert.

Hacken ohne Muskelkater

Forscher haben ausgerechnet, dass ein Schwarzspecht täglich unfassbare 12 000 Hackschläge ausführt.

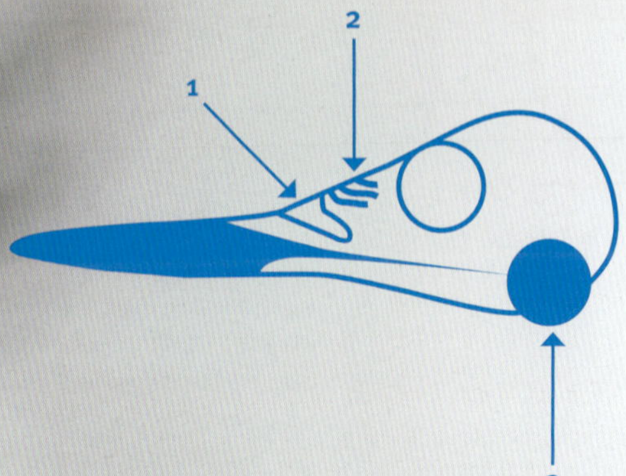

Der Schädel des Spechts ist hervorragend daran angepasst, die Stöße abzufedern, die beim Hacken und Trommeln entstehen. Zwischen Schnabel und Hinterschädel liegt ein federnder Stoßdämpfer (1). Darauf folgen Knochenbalken, die den Schädel vorn verstärken (2). Das Quadratbein (3) ist beweglich und nimmt Energie aus den Stößen, indem es sie in Drehbewegungen wandelt.

Dieser weibliche Weißrückenspecht hackt so schnell und kraftvoll, dass der Kopfbereich nur verschwommen auf das Bild kam

Gefährlicher Aufprall

Der Aufschlag des Spechtschnabels auf das Holz eines Baumstamms entspricht der Geschwindigkeit eines Radfahrers, der mit 26 Kilometern pro Stunde gegen einen Baum prallt!

Ein Buntspechtmännchen vertreibt einen Rivalen aus seinem Revier

Schnelle Brüter

Schon an sonnigen Januartagen kannst Du das Trommeln der Spechte im Park oder im Wald hören. Und immer wieder gibt es ein aufgeregtes Jagen und Kickern: Das Kennenlernen der Spechtmännchen und Spechtweibchen vollzieht sich nicht gerade lautlos. Manchmal erscheint das Jagen sehr streitsüchtig. Vermutlich brauchen Männchen und Weibchen auch Zeit, um sich aneinander zu gewöhnen. Doch sobald sie sich richtig kennen, arbeiten sie zusammen. Wie sollten sie es sonst auch später schaffen, ihre eben geschlüpften Jungen rund um die Uhr zu versorgen?

Hier und da kannst Du auch ein Klopfen hören. Wenn Du Dich langsam der Geräuschquelle näherst, siehst Du vielleicht gerade, wie ein Specht einen Schnabel voller Späne aus der Höhle wirft. Allerdings bauen Buntspechte, die Du am ehesten beobachten kannst, nicht jedes Jahr eine neue Höhle. Oft wird die vom Vorjahr lediglich etwas ausgebaut oder der zugewachsene Eingang wird wieder so vergrößert, dass die Vögel hindurchpassen. Beim Höhlenbau übernimmt das Männchen den größten Teil der Arbeit.

Zuweilen hat das Männchen schon eine fertige Höhle und versucht, ein Weibchen zu überzeugen: „Hier ist eine gute Kinderstube!“ Das Männchen trommelt also in der Nähe der Höhle, schlüpft hinein, kommt wieder heraus. Es klopft, um Aufmerksamkeit zu erheischen und der Auserwählten die Höhle schmackhaft zu machen.

Langer Zusammenhalt

Grünspecht- und Schwarzspechtfamilien bleiben viel länger beieinander als Buntspechte. Noch zwei Monate, nachdem die jungen Grünspechte die Bruthöhle für immer verlassen haben, kannst Du die Familie zusammen beobachten – und zwar am Boden, nicht in den Bäumen. Dort nämlich suchen Grünspechte Ameisen.

Das Buntspechtweibchen legt meist gegen Ende April das erste Ei und dann vier oder fünf Tage lang jeden Morgen ein weiteres, bis fünf oder sechs weiße Eier in der Höhle liegen. Auch wenn das Gelege noch nicht vollständig ist, übernachtet das Männchen schon in der Bruthöhle. Doch es sitzt nicht auf den Eiern, sondern klammert sich an die Höhlenwand. Erst wenn das Gelege vollständig ist, beginnen die Spechte mit dem Brüten. Während der Nacht brütet nur das Männchen. Am Tag wechseln sich beim Buntspecht Männchen und Weibchen etwa jede Stunde ab. Nach acht bis neun Tagen schlüpfen die jungen Buntspechte. Kein anderes Vogelküken schlüpft nach so kurzer Bebrütungszeit! Aber auch kein anderer Vogel kommt so wenig entwickelt zur Welt wie unsere Buntspechtjungen. Sie sind völlig nackt. Die Haut ist so zart, dass Adern und Knochen durchscheinen. Augen und Ohren sind verschlossen. Würden die Kleinen während der ersten Lebenstage nicht ständig von ihren Eltern gewärmt, würden sie bald auskühlen und sterben.

Im Frühjahr kannst Du zuweilen beobachten, wie sich Spechte um Reviere streiten. Sogar Männchen und Weibchen kämpfen miteinander, ehe sie sich dann gut vertragen.

Eier des Mittelspechts – ein Junges schlüpft gerade

Bezeichnend für das eben geschlüpfte Spechtjunge ist der dicke Wulst am Schnabelgrund. Berührt ein Elternvogel den Wulst, sperrt das Junge sofort den Schnabel auf und bekommt Futter.

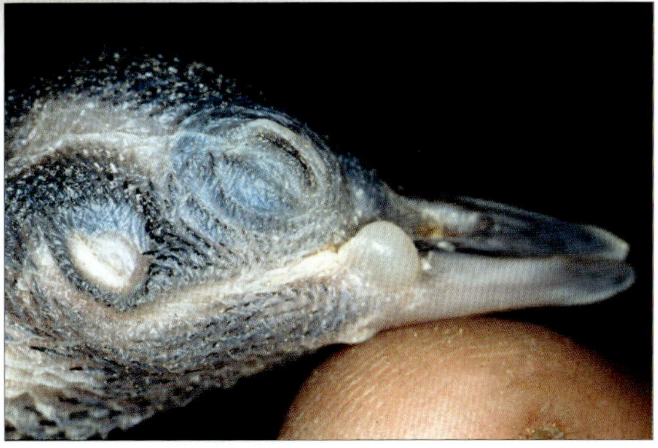

Höhle ja, Nest nein

Spechte haben viel Mühe damit, ihre Höhle zu zimmern. Ein richtiges Nest baut jedoch keine Art, auch nicht in der Höhle. Doch die Späne am Höhlenboden dieses amerikanischen Goldspechts sind eine gute, saugfähige Unterlage.

Immer wenn sich Männchen und Weibchen beim Wärmen der Küken ablösen, bringen sie auch Futter mit. Sobald die Höhle durch die Elternvögel, die durch den Eingang kommen, abgedunkelt wird oder wenn die Spechtjungen das Kratzen der Eltern am Stamm hören, recken sie ihre Hälse und wollen Futter. Schon nach fünf Tagen wiegen sie rund 20 Gramm, etwa fünfmal so viel wie bei der Geburt.

Am sechsten Lebenstag öffnen sich die Ohren, etwa am achten Tag die Augen. Bald schon sind unter der Haut die dunklen Federn zu erkennen. Nach drei Wochen sind die jungen Buntspechte bereits voll befiedert. Sie räkeln sich in der Höhle, schlagen mit den Flügeln, hacken sogar gegeneinander. Sie klettern an der Höhlenwand hoch und schauen nach außen. Kurz vor dem Ausfliegen lassen die Jungen fast ununterbrochen ein „Kixen" hören. Es scheint, als koste es sie einige Überwindung, bis sie dann die Höhle verlassen. Manche klettern erst einmal den Stamm des Höhlenbaums hinauf. Andere fliegen vom Höhlenloch sofort zum nächsten Baum oder landen auf dem Boden. Oft werden sie von den Altvögeln mit Futter zum Ausfliegen gelockt.

Danach hält sich die Familie in den Baumkronen auf. Die Jungen werden von den Eltern mit Raupen und Faltern gefüttert. Es wird dann zunehmend schwieriger, sie zu entdecken. Noch etwa zehn Tage bleibt die Buntspechtfamilie zusammen. Dann fliegt jeder seiner eigenen Wege.

In exotischen Ländern erhalten Spechte auch schon einmal einen solch schönen Nistkasten

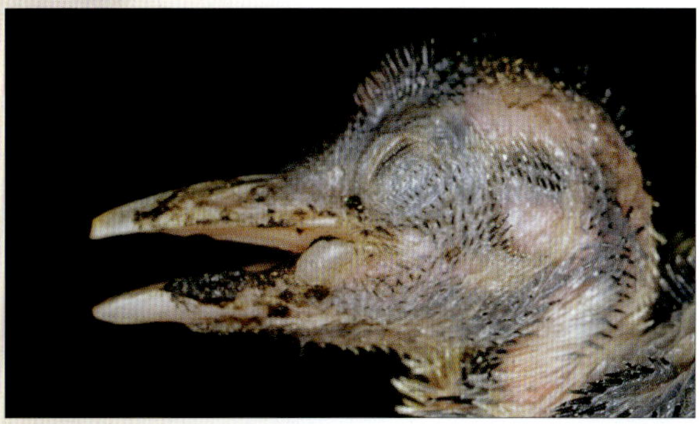

Links oben: Schön ist er noch nicht: Dreizehenspecht im Alter von fünf Tagen

Links unten: Spechte wachsen schnell: Jetzt ist der Dreizehenspecht acht Tage alt

Rechts: Der junge Dreizehenspecht mit 18 Tagen

Der Rotbauchspecht hat viele verschiedene Stimmlaute. Trommelsignale lässt er nur selten ertönen.
Sein Name ist eigentlich schlecht gewählt, denn der Bauch ist nur leicht orange.

Die Sprache der Spechte

Natürlich haben Spechte keine Sprache so wie Du. Aber Du hast ja schon gelesen, dass auch sie sich verständigen, und zwar mit Signalen. So etwas gibt es auch bei uns Menschen. Wenn zum Beispiel ein Polizist den Verkehr regelt oder ein Flugzeug vor dem Flughafengebäude eingewiesen wird, geschieht das durch Zeichen. Sogar im täglichen Umgang spielen Zeichen und Gebärden eine wichtige Rolle. Wenn Du Dich über etwas freust, wirfst Du die Arme hoch. Fürchtest Du Dich vor etwas, hältst Du Deine Hände schützend vor Dich.

Unten sind die Trommelwirbel verschiedener Spechtarten dargestellt. Die Wirbel unterscheiden sich in ihrer Dauer und der Anzahl der Schläge.

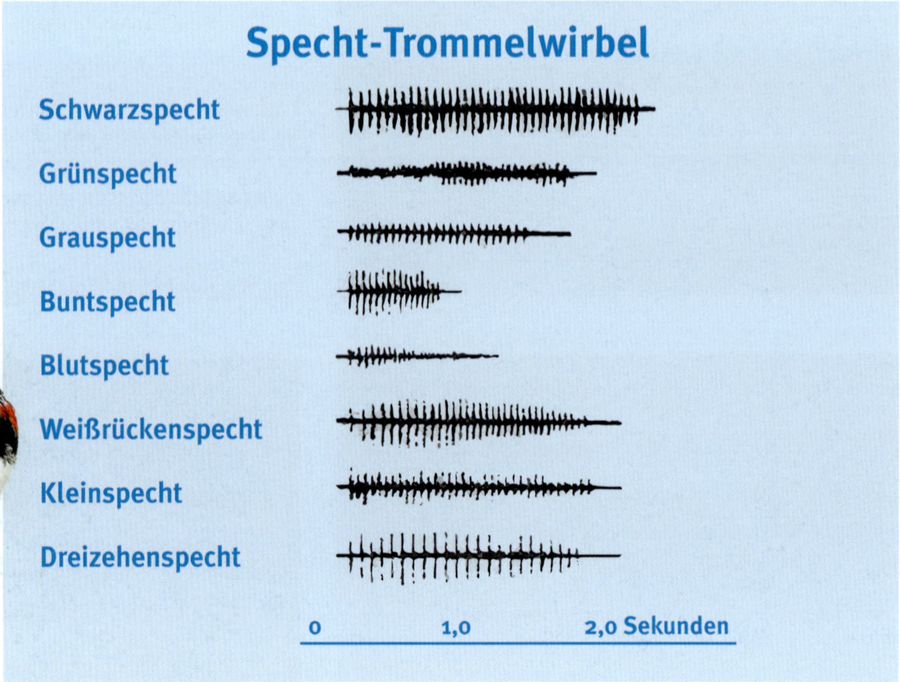

Durch das Trommeln können sich Spechte untereinander verständigen. Hier siehst Du einen Haarspecht aus Nordamerika.

Beim Buntspecht ist ein ganz wichtiges Signal, an hohlen Baumstämmen oder Ästen zu trommeln. Es zeigt fremden Spechten: „Hier bin ich zu Hause! Bleib mir fern!“ Ein Weibchen hingegen soll durch das Trommeln angelockt werden. Übrigens haben bei Spechten Männchen und Weibchen fast gleiche Signale. Bei einer Drossel ist es ja nur das Männchen, das so laut und schön singt. Beim Buntspecht trommeln Männchen und Weibchen um die Wette. Zuweilen suchen sie sich auch andere „Instrumente“, zum Beispiel eine Regenrinne oder eine Sirene auf dem Dach eines Feuerwehrgebäudes.

Wo ist der beste Trommelplatz ?

Wenn Spechte sich ein Trommelinstrument suchen, bevorzugen sie Äste, die besonders laut tönen – denn sie wollen ja gehört werden.

Ein Trommelwirbel des Buntspechts besteht aus zehn bis fünfzehn einzelnen Schlägen. Der Trommelwirbel des winzigen Kleinspechts ist länger und klingt wie ein Schnurren.

Spechte benutzen jedoch nicht nur „Instrumente“. Sie gebrauchen auch wie unsere Singvögel ihre Stimme. Buntspechte kixen und keckern, wenn sie erregt sind. Grünspechte haben besonders auffällige stimmliche Laute. Ihr „Lachen“ gehört bei uns zum Frühjahr. Das Grünspechtlachen hat die gleiche Aufgabe wie beim Buntspecht das Trommeln: Partner anlocken und Reviere anzeigen.

Wenn der Grünspecht abends zu seiner Höhle fliegt, kannst Du oft kurze Gesangsstrophen hören, das rasch wiederholte „Kjü-kjü-kjü ... kjü-kjü ...“.

Trommelschläge zählen

Versuch doch einmal, mit einem Rekorder einen Spechttrommelwirbel aufzunehmen. Wenn Du den Wirbel dann verlangsamt abspielst, kannst Du die einzelnen Schläge zählen.

Der „Vetter“ des Grünspechts, der Grauspecht, trommelt häufig. Zuweilen lässt er eine ganze Serie Rufe ertönen, ein anderes Mal trommelt er wieder und wieder. Er kann aber auch abwechselnd Gesangsstrophen und Trommelwirbel vortragen. Beim Trommeln schlägt er etwa dreißig Mal innerhalb von nur anderthalb Sekunden zu. Der Trommelwirbel wird also mit unglaublichen zwanzig Schlägen pro Sekunde vorgetragen!

Die schönste Stimme von all unseren Spechten hat der Schwarzspecht. Fliegt er über ein Wiesental, hörst Du über mehrere hundert Meter seinen Flugruf, das „Kürr-kürr-kürr“. Wenn er dann an seinem Höhlenbaum landet, ruft er laut „ki-ah“. Diesen Ruf kannst Du über einen Kilometer weit hören.

Am Trommeln kannst Du sie erkennen

Die Trommelwirbel der Spechte sind je nach Art unterschiedlich. An Tempo, Dauer und Klang des Wirbels kannst Du die Spechtart bestimmen. Der Trommelwirbel des winzigen Kleinspechts beispielsweise besteht aus sehr vielen Schlägen und klingt schnurrend.

Der Grauspecht - hier ein Männchen - ist ein besonders begabter Trommler

Sperlingskauz als Nachmieter beim Dreizehenspecht

Nachmieter der Spechte

Spechte sind in unseren Wäldern auch darum so wichtig, weil sie in ihrem Leben mehr Höhlen bauen, als sie selbst benutzen. Es kann sogar vorkommen, dass ein Buntspecht im Herbst schnell noch eine Höhle baut. Höhlen werden ja nicht nur zum Aufziehen der Jungen gebraucht, sondern Spechte schlafen auch fast immer darin. Schwarzspechte brüten oft mehrere Jahre in derselben Höhle, auch Buntspechte benutzen dieselbe Höhle mehrmals. Dreizehenspechte hingegen bauen jedes Jahr eine neue Höhle. Einer der Vorteile daran ist, dass mögliche Feinde wie Gartenschläfer oder Steinmarder die neue Höhle noch nicht kennen. In neuen Höhlen gibt es auch noch keine blutsaugenden Insekten, und die Umgebung der Höhle ist noch nicht leer gefressen.

Das Alter der Spechte

Nur wenn Spechte beringt wurden und Forscher sie später wiederfanden, lässt sich genau sagen, wie alt ein Specht geworden ist.
Bekanntes Höchstalter von Spechten:
Buntspecht 13 Jahre
Schwarzspecht 13 Jahre
Dreizehenspecht 10 Jahre
Mittelspecht 8 Jahre

Hohltauben sind häufige Nachmieter beim Schwarzspecht

Große und kleine Eingänge
Da die Spechtarten unterschiedlich groß sind, haben auch die Eingänge zu ihren Höhlen nicht die gleichen Maße. Hier siehst Du einen Goldspecht.

In frei gewordene Höhlen des Dreizehenspechts kann dann der Sperlingskauz einziehen, eine Tannenmeise, oder der Kleiber verklebt den Eingang mit Lehm so weit, dass er gerade noch hineinpasst. Siebenschläfer sind häufige Nachmieter in den Höhlen des Buntspechts. Selten quartiert sich auch die kleine Haselmaus darin ein. Sie ist mit dem Siebenschläfer verwandt. Oft brüten Stare in Buntspechthöhlen. Zuweilen vertreiben sie sogar die Buntspechte.

Begehrt bei vielen Vogelarten sind die großen Höhlen des Schwarzspechts. Waldkauz, Hohltaube und Raufußkauz ziehen dort ein. Auch Säugetiere wissen die „Großraumwohnungen“ zu schätzen. Das Eichhörnchen baut dort seinen Kobel, Siebenschläfer, Fledermäuse und Marder schätzen das sichere Zuhause. Insekten kann man ebenfalls in Spechthöhlen finden, Falter und Bienen etwa.

Baummarder beziehen gern die geräumigen Schwarzspechthöhlen. Aber sie lassen sich auch die jungen Spechte schmecken.

Oft richten Siebenschläfer ihre Kinderstube in Buntspechthöhlen ein

Ein solch naturnahes Vogelbad nimmt auch dieses Grünspechtmännchen gerne an

Mensch und Specht

Wissenschaftler benennen alle Tiere und Pflanzen mit einem zweiteiligen Namen, der latinisiert ist, also lateinisch klingt oder aus dem Lateinischen stammt. Das hat den Vorteil, dass Menschen verschiedener Länder und Sprachen genau wissen, welche Art gemeint ist, wenn der wissenschaftliche Name verwendet wird. *Picus* ist dabei der erste Name, der sogenannte Gattungsname für unseren Grünspecht und den Grauspecht. Wie sie zu diesem Namen kamen?

Picus war der Sage nach ein junger König in Mittelitalien. Die Zauberin Kirke hatte sich in ihn verliebt. Sie wollte ihn überreden, mit ihr zu kommen. Picus aber hatte schon eine Frau und wollte sie nicht verlassen. „Das wirst du büßen", rief Kirke ihm zu, und da sie ja eine Zauberin war, verwandelte sie Picus in einen Specht.

Als vor 200 Jahren der schwedische Forscher Carl von Linné das oben erwähnte System einführte, Tieren und Pflanzen latinisierte Namen zu geben, nannte er unseren Grünspecht *Picus viridis*, das bedeutet „Grüner Picus". Die ganze große Familie der Spechte nannte er Picidae, was sich natürlich ebenfalls von „Picus" ableitet.

Berühmt ist die Sage vom Grünspecht und der Springwurzel. Ihr zufolge erhält man die Springwurzel auf folgende Weise: Ist der Grünspecht gerade aus seiner Bruthöhle ausgeflogen, muss man den Eingang mit einem Holzkeil verschließen, den der Specht nicht herausziehen kann. Sowie der Specht die Lage erkennt, fliegt er fort und sucht die Springwurzel.

Hirnforscher wissen es schon lange: Spechte sind kluge Tiere! Dieser Eichelspecht hat gelernt, Honigwasser zu trinken, das eigentlich für Kolibris angeboten wurde.

Dieser Geldschein aus Surinam zeigt den schönen Rothalsspecht

Der Specht weiß nämlich, wo er die Springwurzel findet, und kehrt mit ihr im Schnabel zurück. Ein Schlag mit der Wurzel gegen den Stamm, und der Keil fliegt heraus! Will nun ein Mensch die Springwurzel haben, muss er in der Nähe warten und den Specht nach dem Schlag mit der Springwurzel tüchtig erschrecken. Der Specht lässt daraufhin die Wurzel fallen. Zur Vorsicht sollte man aber zuvor ein weißes oder rotes Tuch unter dem Baum ausbreiten, sonst kann es geschehen, dass man die Wurzel zwischen den trockenen Ästen und dem Moos nicht findet. Mit der Springwurzel, so heißt es, könne man Schlösser öffnen und so verborgene Schätze heben. Glaubst Du diese Legende?

In manchen Gegenden ist der Specht immer noch so etwas wie ein Orakelvogel, also ein Vogel, der Dinge voraussagt. Die Waldarbeiter im Spessart nennen den Schwarzspecht heute noch Regenvogel, und in Niederbayern heißt der Schwarzspecht im Volksmund Giaßvogel. „Es gießt", sagt man, wenn es stark regnet. Die Leute glauben also, diese Spechte kündigten Regen an.

Das fränkische Mittelgebirge Spessart verdankt seinen Namen den Spechten. Als „Specht-Hardt" bezeichnete man nämlich einen von Spechten bewohnten Eichen- und Buchenwald. Daraus wurde dann später „Spessart". Auch manche Orte, wie etwa Spechthausen, verdanken ihren Namen den Spechten.

Mancher Orts- oder Flurname geht auf das Vorkommen von Spechten zurück, so auch der Ortsname Spechthausen

Dieser Kubaspecht will gerade den Eingang zum Hotel vergrößern

Heute sind die Begegnungen von Mensch und Specht oftmals viel alltäglicher als früher. So kommt es immer wieder vor, dass Buntspechte an Fassaden zimmern, die mit Styropor verkleidet sind. Dieser Schaumstoff hat ähnliche Eigenschaften wie von Pilzen befallenes Buchenholz. Die Spechte bauen sich in den Fassaden Schlafhöhlen.

Im Jahre 1996 berichteten Zeitungen, dass Spechte die Ummantelung einer Weltraumrakete beschädigt hatten – so sehr, dass sogar der Raketenstart verschoben werden musste.

Für Forscher von heute sind Spechte wichtige Anzeiger dafür, ob eine Streuobstwiese oder ein Wald noch eine lebendige Lebensgemeinschaft sind. Fehlen die Spechte, dann ist Lebensraum im Sinne des Naturschutzes krank.

Ganz schön clever!

Die meisten Verhaltensweisen bei Vögeln sind angeboren, aber Beobachtungen deuten darauf hin, dass Spechte Denkaufgaben lösen können. Zum Beispiel: Wie kann ich eine Nuss öffnen, deren Schale für mich zu hart ist? Rotkopfspechte aus Carolina in den USA legten Nüsse auf eine Straße und warteten. Sobald ein vorbeifahrendes Auto die Nüsse geknackt hatte, holten sie sich die Nusskerne. Ganz schön clever, oder?
Auch das Verhalten eines Gilaspechts (siehe Seite 38), der ein Werkzeug benutzte, um Honig aufzudippen, ist solch eine Intelligenzleistung.

Der Schwarzspecht ist zum Glück in Deutschland noch nicht gefährdet

Spechte brauchen Schutz

Nicht alle Spechte sind bedroht. Einigen, wie dem Buntspecht, geht es recht gut. Der Grünspecht findet zwar kaum noch seine natürlichen Lebensräume, lichte Wälder und Flussauen. Aber er besiedelt neue Lebensräume wie aufgelassenes Industriegelände.

Doch Dreizehenspecht und Weißrückenspecht brauchen alte Wälder mit viel totem Holz, aus dem sie ihre Nahrung picken können. Auch der Mittelspecht wohnt in alten Wäldern, wo Bäume mit rauer Borke stehen. An vielen Orten jedoch wurden große Mengen von alten Bäumen geschlagen. Auch wird immer mehr Holz zum Verbrennen gebraucht. Es bleiben zu wenig tote Äste im Wald liegen. Das tut den Spechten nicht gut. Für Waldspechte kann es sogar das Aus bedeuten.

Deshalb fordern Naturschutzverbände: Lasst die Bäume älter werden, lasst mehr totes Holz im Wald! Zum Glück gibt es in vielen Bundesländern Programme, um die Vielfalt im Wald zu erhalten. „Vielfalt im Wald“ bedeutet auch, lichte Waldränder zu pflegen, wo auf hohe Bäume kleinere folgen und schließlich Büsche und Stauden den Wald begrenzen. Solche Waldränder sind gut für Ameisen und darum auch für Wendehals und Grünspecht.

Nur wo alte Bäume stehen bleiben, finden Spechte etwas zu fressen

Wenn zu viele starke Bäume gefällt werden, haben Spechte das Nachsehen

Wenn Grasflächen häufig gemäht werden, schadet das den Ameisen. Grünspecht und Wendehals finden hier dann keine Nahrung mehr.

Was Du tun kannst!

Auch Du kannst etwas zum Schutz der Spechte beitragen! Wenn Ihr beispielsweise einen alten Apfelbaum bei Euch im Garten habt, kann er einmal Höhlenbaum für den Buntspecht werden. In seinem Holz leben Käferlarven, die Nahrung für ihn. Sag also Deinen Eltern, dass sie den Baum nicht fällen sollen.

Wenn Ihr in Eurem Garten darauf verzichtet, jede Woche zu mähen, dann werden sich Ameisen ansiedeln, und vielleicht besucht Euch im Winter dann ein Grünspecht.

Und noch etwas: Wenn Du mithelfen möchtest, Obstwiesen zu erhalten, den Lebensraum für Grünspecht und Buntspecht, dann bitte Deine Eltern, Apfelsaft nicht aus Italien zu kaufen, sondern von den Streuobstwiesen Deiner Umgebung.

Viele Naturschutzgruppen ernten Äpfel von Streuobstwiesen, lassen sie pressen und verkaufen den Apfelsaft. Das hilft, die Obstwiesen zu erhalten.

In naturnahen Gärten fühlen sich auch Spechte wie dieser junge Buntspecht wohl

Großgrundbesitzer Kleinspecht

Der winzige Kleinspecht wiegt lediglich etwa 35 Gramm, also nur etwas mehr als ein Drittel einer Tafel Schokolade. Zur Winterszeit kann er jedoch ein Gebiet von 500 Hektar sein Eigen nennen. Im Sommer begnügt er sich mit etwa 50 Hektar.

Forschung, um Spechte schützen zu können

Wir wissen zwar, dass manche Spechtarten seltener werden und einige wie der amerikanische Elfenbeinspecht sogar ausgestorben sind. Wollen wir aber den Spechten helfen, müssen Forscher mehr über ihr Leben erfahren. Sie müssen wissen, was Spechte fressen und wie sie ihre Lebensräume nutzen. Die Vogelkundler oder Ornithologen wollen auch herausfinden, wie viel Fläche eines Waldes oder einer Streuobstwiese ein Specht braucht, um dort leben zu können.

Wir Menschen freuen uns über einen Garten von 100 oder 200 Quadratmetern. Der Buntspecht nutzt immerhin etwa 50 000 bis 100 000 Quadratmeter, also fünf bis zehn Hektar. Ein Dreizehenspechtpaar braucht etwa 100 Hektar. Ein Hektar sind 100 mal 100 Meter, also 10 000 Quadratmeter. Die Größe des Wohngebiets für ein Spechtpaar hängt unter anderem davon ab, wie viel Nahrung die Vögel dort finden. Hoch im Norden sind Wälder nahrungsärmer als bei uns. Darum braucht ein Schwarzspechtpaar bei uns zur Brutzeit etwa 150 Hektar, in Finnland dagegen 3 000 Hektar. Grünspechte, die in Süddeutschland auf Obstwiesen wohnen, benötigen während der Aufzucht ihrer Jungen etwa 200 Hektar. Das ist mehr als die Fläche von 200 Fußballfeldern!

Ein Fernglas ist noch immer das wichtigste Werkzeug, um Vögel zu beobachten

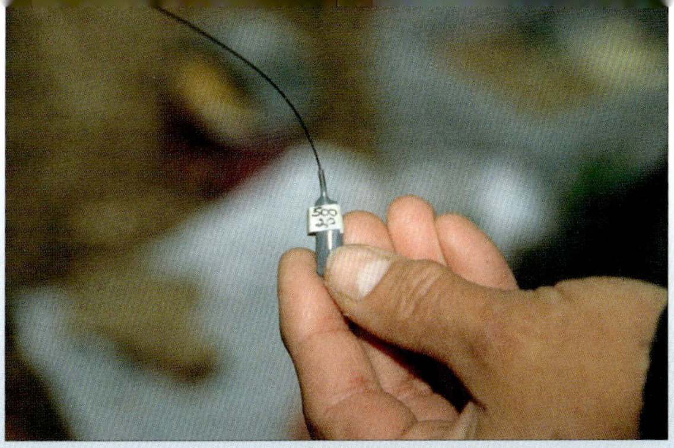

Solch ein kleiner Sender auf den kräftigen Schwanzfedern des Spechts sendet Pieps-Signale und verrät dem Forscher, wo sich der Vogel aufhält

Ein kleiner Sender wird auf die Schwanzfedern geklebt

Um zu erfahren, was Spechte fressen, arbeiten die Forscher mit Fotoapparat und Fernglas. Oft kann der Ornithologe damit erkennen, was ein Specht gerade erbeutet hat oder was er an seine Jungen verfüttert. Doch manches Futter für die Jungen wird für den Forscher unsichtbar im Schnabel herbeigebracht. Will also der Vogelkundler genau wissen, was verfüttert wird, muss er den Spechtjungen für eine kleine Weile einen Ring um den Hals legen: so lose, dass sie nicht schlucken, natürlich aber atmen können. Nach einer Fütterung holt der Ornithologe dann die Nahrung aus dem Schlund der Jungspechte und kann nun sehen, was die Spechteltern herangeschleppt haben. Wenn die Forscher mit viel Fingerspitzengefühl und Wissen arbeiten, lässt sich die Spechtfamilie dadurch nicht stören.

Wollen Vogelkundler wissen, wo sich Spechte aufhalten, werden die Vögel mit feinen Netzen gefangen. Dann wird ihnen ein kleiner Sender an die mittlere Schwanzfeder geklebt. Der Sender gibt ungefähr zwei Monate lang Signale, die dem Forscher zeigen, wo der Specht gerade ist. Gegen Herbst werden die mittleren Schwanzfedern abgeworfen. Der Sender fällt dann mit ab, und zuweilen wird er sogar wiedergefunden.

Bloß kein Streit!

Im Winter spielen Reviergrenzen oft keine Rolle mehr. Aus diesem Grund kannst Du zur kalten Jahreszeit am Futterhaus gleich mehrere Spechte derselben Art antreffen.

Hier im „Waldstudio" können Forscher sehen, was die kleine Kamera in der Mittelspechthöhle aufnimmt

Woher kommt das Signal? Ein Forscher versucht, den Specht mit dem Sender zu finden.

Spechte sind Weltbürger

Nicht nur bei uns in Europa, sondern fast überall auf der Welt sind Spechte zu Hause. Lediglich in der australischen Region, auf Madagaskar, einigen Inseln im Pazifischen Ozean und in der eisigen Antarktis gibt es keine Spechte. Merkwürdig ist, dass die große Insel Irland erst in den letzten Jahren von England aus vom Buntspecht besiedelt wurde. Dabei liegt England direkt gegenüber, nur durch wenige Kilometer Meer getrennt.

Hier siehst Du, wo einige der Arten leben, die ich Dir auf den folgenden Seiten vorstelle. Eine Art dagegen zeige ich Dir nur hier – findest Du heraus, welche?

Feuerkopf-Saftlecker (Süden Alaskas bis Südkalifornien)

Grünspecht (fast ganz Europa bis nach Vorderasien)

Kubaspecht (Kuba)

Grünbindenspecht (Ost- u. Zentral-Südamerika)

Wenn Du an Spechte denkst, dann denkst Du sicher an Wald, an den Schwarzwald vielleicht, den Harz – oder an Deinen Stadtpark. Doch Spechte sind keineswegs so stark auf Bäume als Lebensraum festgelegt, wie es auf den ersten Blick erscheint. In Südamerika haben sie sogar das baumlose Grasland hoch oben in den Anden erobert. Dort können Bäume nicht mehr wachsen.

Weltweit gibt es etwa 180 Spechtarten. Davon leben bei uns in Mitteleuropa gerade einmal zehn. Die meisten Arten bewohnen tropische Gebiete und die angrenzenden Subtropen in Amerika, Afrika und östlich im Indomalayischen Raum, also in Südostasien.

Weißrückenspecht (Europa bis weit nach Asien)

Gelbnackenspecht (Indien bis Indochina)

Feuerrückenspecht (Süd- und Südostasien)

Namaspecht (vom Zentrum bis in den Süden Afrikas)

Der wunderschöne Schwarzkehlspecht lebt in Südamerika

Das Männchen des Magellanspechts hat eine feuerrote Haube. Der Magellanspecht ist der am weitesten südlich lebende Specht der Welt.

Das Weibchen des Magellanspechts hat eine schwarze Haube. Wenn sich der Specht aufregt, stellt er diese sogenannte Holle auf.

Farbenpracht pur!

Mit der Buntheit des Schwarzkehlspechts aus den Wäldern Südamerikas, der eigentlich Feuerkopfspecht heißen müsste, oder einiger Arten aus tropischen Wäldern Asiens können unsere heimischen, doch auch schon sehr schönen Spechte nicht mithalten.

Die feuerrote Haube des Schwarzkehlspechts zeigt seine Stimmung an: Wenn er sich aufregt, stellt er die Haube auf. Schwarzkehlspechte besiedeln vielerlei Lebensräume: von der Ebene bis in die Höhen der Nebelwälder. Wichtig für sie sind große Bäume.

Auch ihr Verwandter, der Magellanspecht, ist eine stolze Erscheinung. Er ist der größte Specht ganz Südamerikas. Das Männchen mit seiner roten Haube hat Ähnlichkeit mit dem Schwarzkehlspecht. Doch der Magellanspecht wohnt im fernsten Süden Südamerikas, im rauen Feuerland. Keine andere Spechtart kommt so weit südlich vor. Die Weibchen dieser Art haben übrigens eine schwarze Haube auf dem Kopf.

Gesellige Vögel

Magellanspechte sind Familientiere. Das ganze Jahr über leben sie in Gruppen von drei bis fünf Vögeln. Die Kinder bleiben bis zu vier Jahre lang bei den Eltern!

Kaum an Farbenpracht zu überbieten ist der südamerikanische Rotmantelspecht

Der knallbunte Gelbnackenspecht bewohnt lichte Mischwälder von Indien bis Indochina

Was für prächtige Vögel! Feuerrückenspechte leben in weiten Teilen von Süd- und Südostasien

So weit!

Ein Junger Goldspecht, der im Juni im zentralen British Columbia im Norden Nordamerikas beringt worden war, wurde Ende September auf Neufundland im tiefsten Süden wiedergefunden. Er hatte 5 000 Kilometer zurückgelegt!

Auch der Goldspecht aus Nordamerika würde bei einem Schönheitswettbewerb hervorragend abschneiden. Goldspechte besiedeln große Bereiche in Nordamerika, vom Pazifik bis an den Atlantik. Je nach Region sind sie unterschiedlich gefärbt: Die einen haben rote, andere gelbe Federschäfte. Der Schaft ist der obere Teil des Kiels, also des Stegs in der Mitte der Feder.

Goldspechte sind etwa so groß wie unsere Grünspechte – und wie Grünspechte suchen auch sie ihre Nahrung am Boden, meistens Ameisen.

Aber anders als unsere Grünspechte sind Goldspechte Zugvögel. Besonders Exemplare aus den nördlichen Bereichen ziehen im Herbst nach Süden. Einige legen dabei unglaubliche Strecken zurück.

Der Rotkehlspecht könnte auch Zimtspecht heißen, denn Kopf und Rücken sind zimtfarben. Den roten Kehlfleck dagegen hat nur das Männchen. Schön ist auch seine Zeichnung am Bauch. Rotkehlspechte leben in einem kleinen Bereich im Süden Mittelamerikas und im Norden Südamerikas. Zumeist suchen sie ihre Nahrung im Laubdach der Bäume: Ameisen, Termiten, Beeren und andere Früchte.

Vom Tag- zum Nachttier

Spechte, auch der Goldspecht, sind über Tag munter, suchen also tagsüber Nahrung, putzen ihr Gefieder, bauen ihre Höhlen und so weiter. Während der Zugzeit aber werden sie zu Nachttieren: Sie ziehen während der Dunkelheit.

Junge Helfer

Helfervögel bei Eichelspechten sind oft Junge vom Vorjahr, die während der Nestlingszeit beim Füttern ihrer Geschwister mithelfen.

Ein Sonderling mit Familiensinn

Mehr noch als unser Buntspecht ist der nordamerikanische Eichelspecht ein Samenfresser. Das Besondere: Er legt Vorräte an. Dazu pflückt er einzelne Eicheln von den Bäumen und bringt sie zu einem Speicher. Das sind Löcher in der Rinde einer Eiche. An solchen Speichern haben viele Generationen von Eichelspechten gehackt oder gebohrt. Ein einzelner Eichelspecht fertigt in einem Herbst und Winter nur wenige, kleine Speicherlöcher. Doch ein solcher Speicher kann viele tausend Eicheln enthalten!

Der Eichelspecht ist mit anderen Arten nicht zu verwechseln. Außer Eicheln frisst er Insekten, die er oft im Flug erbeutet, ferner Beeren und kleinere Samen. Auch schlägt er die Baumrinde an und trinkt den herausquellenden Saft.

Unsere einheimischen Spechte leben meistens als Einzelgänger. Nur wenn die Jungen ausgeflogen sind, bleibt die Familie eine Weile zusammen. Eichelspechte dagegen leben das ganze Jahr in Gruppen aus bis zu 15 Vögeln. In so einer Gruppe brüten jedoch nur ein oder zwei Weibchen und zwei bis vier Männchen. Die anderen Exemplare nennt man Helfer.

Die Vorratskammer ist schon gut gefüllt, aber der Eichelspecht möchte noch eine Eichel darin unterbringen

Höhlen in der Erde statt im Baum

Hoch oben in den Anden, in 4 000 oder gar 5 000 Metern Höhe, wachsen keine Bäume. Dort gibt es nur Fels und Gras. Und dennoch könntest Du in dieser rauen Region Spechte beobachten, die Andenspechte nämlich. Nur wenn im Winter Schnee liegt, wandern sie den Berg hinunter in wärmere Gefilde. Sie bauen Bruthöhlen in Erdbänken, ähnlich wie es bei uns die Eisvögel tun. Oft drehen ganze Trupps der Andenspechte getrocknete Kuhfladen um und suchen darunter nach Käfern oder stochern im Boden nach Würmern und anderen Leckerbissen.

Andenspechte durchwühlen den Boden nach Käfern und Larven

Ein Rotnacken-Saftlecker saugt Saft aus einem „Bohrloch"

Trinken statt essen

Insekten sind die Hauptnahrung unserer einheimischen Spechte. Gewiss, der Buntspecht schlägt im Frühjahr die Saftbahnen der Bäume an und trinkt süßen Baumsaft – obwohl er eine Harpunenzunge hat. Der amerikanische Gelbbauch-Saftlecker jedoch ist ganz aufs Saftlecken spezialisiert. Er schlägt Löcher in die Rinde und stippt den Saft auf. Seine Zunge sieht aus wie ein Pinsel mit feinen Borsten, ist also ideal, um damit Saft aufzutunken.

Aber Baumsaft fließt nicht zu allen Jahreszeiten. Darum fliegt ein Saftlecker, der in Kanada oder Alaska gebrütet hat, im Winter in die südlichen Vereinigten Staaten und weiter bis nach Mexiko und zu den karibischen Inseln, wo es auch im Winter grünt.

Von anderen amerikanischen Saftleckerspechten heißt es, sie würden im Jahr rund 20 Prozent ihres Energiebedarfs mit Saft decken, in manchen Jahreszeiten sogar fast zu 100 Prozent. Russische Forscher schätzen, dass im Frühjahr Baumsaft rund ein Drittel der Nahrung des Buntspechts ausmacht.

Der Rotnacken-Saftlecker ist dem Gelbbauch-Saftlecker sehr ähnlich – so ähnlich, dass Rotnackenmännchen mit Gelbbauchweibchen zuweilen ein Paar bilden! Auch Rotnacken-Saftlecker wandern im Herbst in südlichere Gebiete, obwohl sie weniger von dem Baumsaft abhängig sind, der während des Frühjahrs und Sommers in der Baumrinde aufsteigt. Sie saugen Saft, aber fressen auch Käfer, Früchte und Samen.

Feuerkopf-Saftlecker trinken Baumsaft, fressen aber auch Früchte, Nüsse und Samen

Der Gilaspecht ist an das Überleben in trockenen Lebensräumen hervorragend angepasst

Not macht erfinderisch

In den Trockengebieten im Südwesten der USA, in Kalifornien, Arizona und einigen anderen Bundesstaaten, lebt der Gilaspecht. Dort ist es oft so trocken, dass keine Bäume mehr wachsen, allenfalls noch einige Büsche. Aber Kakteen gibt es dort, riesige Saguaro-Kakteen von sechs bis acht Metern Höhe. Was bleibt da dem Gilaspecht anderes übrig, als seine Höhlen in den Kaktusstämmen zu bauen?

Allerdings ist das Kaktusgewebe sehr wasserhaltig, ein richtiger Wasserspeicher. Darum wäre eine frisch gebaute Höhle viel zu feucht, um darin sofort zu brüten. Der Gilaspecht muss also planen. Gleich nach der Brutperiode baut er eine neue Höhle. Die kann dann bis zum nächsten Jahr austrocknen. Außerdem bildet der Kaktus an den Höhlenwänden ein Gewebe, das wie eine Tapete die Brutkammer auskleidet.

Ameisen, Zikaden und Käfer sind die Hauptnahrung des Gilaspechts. Gern kommt er aber auch an Futterstellen und trinkt den Honigsaft, den Vogelfreunde eigentlich für Kolibris anbieten.

Der etwa buntspechtgroße Gilaspecht hat ein überwiegend bräunliches Gefieder. Auffallend sind die dunklen, rubinroten Augen. Trommelt er an der Dachrinne, tönt das wie das Rasseln eines Weckers.

Süße Babykost

Einmal wurde beobachtet, wie ein Gilaspecht seine Jungen mehrere Tage lang mit Honig fütterte. Er hackte sich ein Stück Borke von einem Baumstamm, flog damit zu einem Unterteller mit Honig, dippte die Borke hinein, flog zu seinen Jungen und fütterte sie damit.

Ein Gilaspecht-
männchen auf
einem blühenden
Saguaro-Kaktus

Der elfenbeinfarbene Schnabel und die rote Haube des Männchens sind typische Merkmale des ausgestorbenen Elfenbeinspechts

Wohl keine Hoffnung mehr

Der Elfenbeinspecht war der größte Specht in Nordamerika. Sein Gefieder war schwarz und weiß, vor allem im Flug war das Weiß an den Spitzen der Flügel sehr auffallend. Übrigens war sein Flug geradlinig und nicht wellenförmig wie bei anderen Spechten.

Männchen und Weibchen hatten eine auffällige Haube, die vor allem bei Erregung steil aufgerichtet wurde. Beim Weibchen war die Haube schwarz, beim Männchen hingegen leuchtete der hintere Teil feuerrot.

Seinen Namen trug dieser Specht wegen seines elfenbeinfarbenen Schnabels. Elfenbeinspechte brauchten alte, reife Wälder. Sie entrindeten abgestorbene Stämme von Harthölzern. Hinter der Rinde suchten sie nach Käferlarven. Gelegentlich sollen sie auch Früchte und Nüsse gefressen haben.

Häufig war der Elfenbeinspecht auch in ungestörten Lebensräumen nicht, doch er war überall in den sumpfigen Urwäldern und Niederungen zu Hause, von Carolina bis Arkansas. Fast alle Sumpfwälder jedoch wurden im Lauf der Jahre abgeholzt: für den Schiffsbau, als Bauholz, als Brennholz und für alle möglichen anderen Zwecke. Auf diese Weise verlor die Art ihren Lebensraum.

Zum Aussterben des Elfenbeinspechts trugen zusätzlich Sammler bei, die verantwortungslos Elfenbeinspechte abschossen, um sie ausgestopft für viel Geld an Museen oder private Liebhaber zu verkaufen. Im Jahr 1994 wurde die Art schließlich offiziell für ausgestorben erklärt.

2004 jedoch meinte ein Kanufahrer einen Elfenbeinspecht in einem Naturschutzgebiet im US-Bundesstaat Arkansas gesehen zu haben. Diese Beobachtung löste geradezu ein Spechtfieber aus. Hunderte begeisterter Vogelkundler durchstreiften die Wälder zu Fuß und mit dem Kanu. Im Jahr 2006 wurden 10 000 Dollar für einen eindeutigen Beweis ausgesetzt, dass die Art überlebt hatte. Es war aber alles vergebens: Bis heute gibt es keine neue Spur. Die Welt ist also wohl wieder um eine Art ärmer.

Der Elfenbeinspecht war der größte Specht Amerikas. Farbfotos lebender Exemplare gibt es leider nicht. Die Tiere, die Du auf dieser Doppelseite siehst, sind präparierte Museumsstücke.

Spechte beobachten

Leider gibt es kaum einen Vogelpark oder Zoo, der Spechte zeigt. Aber wenn Du mit einem Fernglas unterwegs bist, kannst Du viel aus dem Leben dieser faszinierenden Vögel erfahren. Am besten gelingt Dir das unter Anleitung eines Vogelkundlers – Naturschutzverbände wie der NABU und der BUND bieten überall Vogelführungen an.

Vogel des Jahres

Vier Mal schon hat der NABU, der Naturschutzbund, Spechte zum Vogel des Jahres erkoren: 1981 den Schwarzspecht, 1997 den Buntspecht, 2014 ist es der Grünspecht gewesen. Und der Wendehals, der 1988 gewählt wurde, gehört immerhin auch zur Familie der Spechte. Mit diesen Aktionen möchte der NABU darauf hinweisen, dass der Lebensraum der Spechte oft gefährdet ist – es geht also darum, solche Lebensräume zu erhalten, beispielsweise Streuobstwiesen oder alte Wälder.

Wenn Du Spechte beobachten willst, brauchst Du ein Fernglas

An Bäumen im Garten, am Balkon – überall gibt es Möglichkeiten, Futterglocken aufzuhängen. Denk daran: Du solltest die daran fressenden Vögel auch vom Fenster aus beobachten können.

Eine Bruthöhle des Buntspechts auszumachen, ist sehr leicht, weil die Jungen fast unentwegt rufen. Aber Du solltest die Vögel nur aus der Ferne beobachten, damit sie nicht beunruhigt werden. Sobald Du spürst, dass Sie sich deinetwegen aufregen und dauernd kixen, musst Du Dich weiter entfernen.

Es gibt aber eine Möglichkeit, Buntspechte, gelegentlich auch Grauspechte, in aller Ruhe zu beobachten: Wenn Du nämlich ein Futterhaus aufstellst oder Futterknödel aufhängst.

Buntspechte hängen sich gerne an Meisenknödel und picken sich in aller Ruhe satt.

Du kannst Dir sogar ganz leicht selbst Futter herstellen – wie das geht, erfährst Du aus dem Textkasten unten.

Fettfutter selbst hergestellt

Du nimmst gleiche Gewichtsteile Palmin oder Rindertalg und Weizenkleie. Das Fett wird langsam erhitzt, darf aber nicht zu heiß werden. Die Kleie musst Du einrühren und dann die warme Mischung in Blumentöpfe oder 500-g-Blechdosen drücken. Natürlich musst Du vorher entweder einen Stab in den Blumentopf stecken oder Löcher in den Dosenrand bohren und einen Draht hindurchziehen, um das Ganze aufhängen zu können. Vor Eurem Fenster wird sicher ein Baum oder ein Wäschepfahl stehen, an dem Du die Dose aufhängen kannst.

Das alles darfst Du natürlich nur zusammen mit Deinen Eltern machen!

Der Buntspecht ist unser häufigster Specht - hier ein Weibchen

Heimische Spechte

Elf Spechtarten leben in Europa. Nur zwei davon kommen in Deutschland und der Schweiz nicht vor: der Blutspecht und der Spanische Grünspecht. Auf den folgenden Seiten möchte ich Dir unsere heimischen Arten vorstellen.

Buntspecht

Unser häufigster Specht ist der Buntspecht. Er ist sozusagen der „Hans Dampf in allen Gassen“. Wenn nur irgendwo ein paar Bäume stehen, ist er schon da. Auch im Stadtpark oder mit Glück sogar bei Dir im Garten kannst Du ihn finden.

Sein Gefieder ist schwarz, am Unterbauch dagegen rot. Das Männchen hat einen roten Nackenstreif. Eine rote Kopfplatte zeigen nur die Jungen. Buntspechte haben auf dem Rücken große, weiße Schulterflecken. An den Schwungfedern, also den größten Federn am Flügel, leuchten große, weiße Punkte.

Auch wenn Buntspechte zu den Hackspechten gezählt werden, also Käferlarven aus morschem Holz heraushacken: Im Frühjahr suchen sie viel lieber Raupen, Schmetterlinge, Käfer, Fliegen, Ameisen, Spinnen und andere kleine Tiere zum Fressen.

Im Winter jedoch, wenn es kaum noch Raupen gibt und wenn sich die Ameisen im Boden verbergen, dann pickt der Buntspecht nicht nur Käferlarven aus dem Holz, sondern wird sogar zum Vegetarier. Er sammelt dann Nüsse und Fichtenzapfen. Um an die leckeren Samen zu gelangen, haben Buntspechte eine besondere Technik entwickelt. Sie benutzen sogenannte Schmieden.

Fleißiger Schmied

Schau im Winter einmal, ob Du im Wald unter einem Baum einen Haufen Zapfen findest, die Reste aus der Schmiede des Buntspechts. Zähle die Zapfen – wie viele sind es?

Not macht erfinderisch. Dieser durstige Buntspecht hat erkannt: Wasserhähne spenden Wasser.

Die Tagesration

Pro Wintertag braucht ein Buntspecht sechs Fichtenzapfen. Das ergibt sechs Gramm Kraftnahrung. Allerdings fressen Buntspechte zusätzlich meist noch anderes.

Das bedeutet: Die Nüsse oder Zapfen trägt der Specht im Schnabel herbei und klemmt sie in die Rinde eines Baumes mit rissiger Borke oder in eine natürliche Vertiefung. Oft steckt noch ein alter Zapfen in der Schmiede. Dann breitet der Buntspecht sein Brustgefieder wie eine Schürze aus, drückt es gegen den Stamm, hält so den neuen Zapfen, wirft den alten fort und steckt den neuen hinein, und zwar stets mit der Spitze nach oben. Dann klopft er mit dem Schnabel drauf und klaubt die Samen heraus.

Leckerschnäbel

Forscher haben festgestellt, dass Baumsaft zwei Drittel der Nahrung russischer Buntspechte ausmacht. Offensichtlich hat sich die Art dort stärker auf den süßen Saft spezialisiert als bei uns.

250 Samen stecken durchschnittlich in jedem Fichtenzapfen. So ein Zapfen wiegt etwa 30 Gramm, die Hälfte des Gewichts eines Buntspechts. Es ist also eine starke Leistung, mit dem Zapfen zur Schmiede zu fliegen.

Buntspechte können solche Schmieden sogar selbst zimmern. Sie meißeln dazu eine Kerbe in einen Ast. Da hinein klemmen sie Nüsse oder Zapfen. Zuweilen kannst Du unter einem Baum viele hundert Zapfen liegen sehen.

Unsere trickreichen Buntspechte haben noch eine andere Möglichkeit, ihren Speisezettel zu erweitern. Im Frühjahr, wenn in den Baumrinden der Saft steigt, schlagen sie die Saftbahnen an. Dann quillt die nahrhafte Flüssigkeit heraus, und die Vögel trinken sie. Das nennen die Vogelkundler Ringeln, weil nämlich die Löcher ringförmig um den Stamm angelegt sind.

Hainbuche, Birke, Ahorn, Amerikanische Eiche und Linde werden bei uns in den Laubwäldern am häufigsten geringelt.

Zuckerbaum

Hast Du einen „Zuckerbaum“ mit eingetrocknetem Baumsaft entdeckt? Verwechsle ihn nicht mit Harz von Nadelbäumen! Nimm Deinen Finger, feuchte ihn an, streich dann über den Zucker oder den Saft und probier mal! Lecker, oder?

Mittelspecht

Der Mittelspecht ist ein wenig kleiner als sein größerer Verwandter, der Buntspecht. Mittelspechte haben auch als Erwachsene noch eine rote Kopfplatte. Diese ist beim Männchen meistens etwas dunkler als beim Weibchen. Die Unterseite der Mittelspechte ist grauweiß und dunkel längs gestrichelt. Der Bauch ist verwaschen rötlich – nicht so tiefrot wie beim Buntspecht.

Der Mittelspecht braucht alte Bäume mit tief gefurchter, rissiger Borke, wie Eichen oder sehr alte Buchen. Darum wohnt er in alten Laubwäldern. Wenn alte Bäume gefällt werden, verliert der Mittelspecht sein Zuhause.

Im Winter suchen Mittelspechte Spinnen und Käfer aus den Rindenspalten sehr alter Bäume

Der Jagdzug des Mittelspechts war erfolgreich!

Aus den Ritzen der Borke klaubt er im Winter Spinnen und Insekten. Wenn Eichenwälder als Nahrungsquelle in der Nähe sind, brütet er auch in der Nähe in Apfelbäumen auf Obstwiesen. Im Frühjahr macht er es wie der Buntspecht: Er sammelt Raupen und Käfer von Blättern und Zweigen, oft weit oben in den Baumkronen. Wenn Du Geduld hast und dem Mittelspecht eine Weile zuschaust, kannst Du eine merkwürdige Beobachtung machen: Der Mittelspecht klammert sich an einen Ast, plötzlich fliegt er ein Stück weg und kommt mit Beute im Schnabel zurück – er jagt wie ein Fliegenschnäpper Insekten mitten im Flug!

Mittelspechte trommeln fast gar nicht. Im Frühjahr kannst Du jedoch ihren Gesang hören, der wie „wäd wäd wäd“ klingt.

Familie, Gattung und Art

Unter einer Art versteht man eine Gruppe von Tieren, die allesamt sehr ähnlich aussehen und miteinander Nachwuchs hervorbringen können, zum Beispiel Buntspecht, Kohlmeise oder Amsel. Arten, die eng miteinander verwandt sind, also von den gleichen Vorfahren abstammen und ein ähnliches Erbgut aufweisen, fassen Forscher in Gattungen zusammen. Beispielsweise zählen unter anderem Buntspecht, Mittelspecht und Kleinspecht zur Gattung der Buntspechte. Mehrere miteinander verwandte Gattungen zählen zur selben Familie. In unserem Fall bilden die Saftlecker, die Buntspechte und viele weitere Gattungen die Familie der Echten Spechte.

Weil der Kleinspecht so leicht ist, kann er auch an dünnen Zweigen sitzen oder sogar hangeln. Hier siehst Du ein Weibchen.

Kleinspecht

Der Kleinspecht ist ein Winzling, gerade einmal so groß wie ein Spatz. Betrachtest Du ihn durch das Fernglas, musst Du ihn ganz einfach gern haben, er ist einfach zu putzig! Leicht zu entdecken ist er allerdings nicht. Oft hält er sich hoch oben in den Kronen der Bäume auf. Dann kannst Du zuweilen seine „Kikiki“-Rufe hören oder sein lang dauerndes, schnarrendes Trommeln. Weil er so winzig ist, klingt auch sein Trommeln eher sanft.

Wie bei Bunt- und Mittelspecht besteht auch die Grundfärbung des Kleinspechts aus Schwarz und Weiß. Auf dem Rücken ist er gestreift. Das Männchen hat einen roten Scheitel.

Weil er so klein und leicht ist, kann der Kleinspecht an dünnen Zweigen und Büschen hangeln. Ja, er hackt sogar an dicken Stängeln krautiger Pflanzen. Da er natürlich auch einen feineren Schnabel hat als unsere anderen Spechte, hält er sich bei der Nahrungssuche und beim Höhlenbau an weichere Hölzer wie Weide oder Pappel – oder er baut seine Höhle im angemorschten Holz anderer Bäume.

Zwei Gelege

Ein Kleinspecht-Weibchen legte einmal Eier in die Höhlen von zwei Männchen, also zwei mal fünf oder gar sechs Eier. So hatte es schließlich ein ganzes Dutzend Junge.

Kleinspechte haben keinen weißen Schulterfleck. Beim fliegenden Vogel ist das gut zu sehen.

Das Blutspechtweibchen klettert zu seiner Höhle. Blutspechte sind während der Brutperiode mehr Vegetarier als Buntspechte. Sogar die Jungen bekommen köstliche Kirschen.

Der Unterschied zum Buntspecht ist gut erkennbar: Das Wangenband reicht nicht bis zum Hinterkopf. Auch die Stimme klingt anders als beim Buntspecht.

Blutspecht

Der Blutspecht ist so groß wie der Buntspecht. Auch im Gefieder sind sich beide sehr ähnlich. Der rote Fleck am Hinterkopf des Männchens ist allerdings etwas größer als beim Buntspecht, der schwarze Wangenstreif reicht nicht ganz bis zum Nacken. Junge Blutspechte haben auf der Brust ein rotes V.

Wo Bunt- und Blutspecht nebeneinander vorkommen, wohnt der Blutspecht in der offeneren Landschaft, der Buntspecht mehr im Wald. Auch bei der Nahrungswahl unterscheiden sie sich: Der Blutspecht ist mehr Vegetarier als der Buntspecht, ja er verfüttert sogar oft Kirschen oder Erdbeeren an seine Jungen!

Blutspechte sind ursprünglich in Israel, im Libanon und in angrenzenden Bereichen zu Hause. Doch vor mehr als hundert Jahren machten sie sich auf den Weg nach Europa. In Österreich sind sie bereits ein fester Teil der Vogelwelt, und einige haben sich schon bis Deutschland vorgewagt.

Zwillingsarten

Weil sich Buntspecht und Blutspecht so ähnlich sind, dass manchmal ein Blutspechtmännchen sogar ein Buntspechtweibchen „zur Frau" nimmt, nennen Vogelkundler sie Zwillingsarten.

Nur in alten Mischwäldern mit vielen abgestorbenen Stämmen und totem Holz am Boden findet der Weißrückenspecht ausreichend Nahrung

Weißrückenspecht

Auch der Weißrückenspecht zählt zu den Buntspechten. Das Männchen hat ähnlich wie der Mittelspecht eine rote Haube. Weißrückenspechte sind auf dem Rücken gestreift. Nur wenn sie ganz entspannt irgendwo sitzen, ist der weiße Rücken gut zu sehen.

Der Weißrückenspecht lebt bei uns fern der menschlichen Siedlungen. Seine Heimat ist der abgelegene Berglaubwald mit vielen abgestorbenen Bäumen. So etwas findet er bei uns in Naturparks oder Nationalparks.

Obwohl er einen kräftigen Schnabel hat, baut er seine Höhlen gern im toten Holz. Bei der Nahrungssuche hackt er mit mächtigen Schnabelhieben große Larven von Prachtkäfern und Bockkäfern aus dem Holz. Dabei teilen sich Männchen und Weibchen die Nahrungsplätze auf: Männchen suchen mehr an dickeren Stämmen und arbeiten sich weiter ins Holz hinein. Die Weibchen mit ihrem etwas schwächeren Schnabel hacken eher im oberen Stammbereich und schälen häufiger Rinde.

Ein Specht als Seefahrer

Eine merkwürdige Entdeckung machte ein Vogelkundler Ende Juli 2013: 45 Kilometer von der russischen Küste entfernt, in der Barentssee, landete ein Weißrückenspecht-Weibchen auf seinem Segelboot und krallte sich am Mast fest. Die Barentssee gehört zum Polarmeer zwischen Russland und Grönland. Es war ein warmer, windstiller Tag. Wohin dieser typische Waldspecht wohl reisen wollte, so weit übers Meer?

Da fliegt auch schon mal ein Rindenstück durch die Luft, wenn der Weißrückenspecht am Stamm nach Nahrung sucht

Das Dreizehenspechtweibchen schaut nach, ob keine Feinde zu sehen sind. Im Schnabel hat es Futter für die Jungen. Du kannst die Spinnenbeine gut erkennen.

Dreizehenspecht

Wie der Weißrückenspecht ist auch der Dreizehenspecht bei uns ein Bergspecht. Er bevorzugt Fichtenwälder. Auch er braucht viel totes Holz, aus dem er dicke Käferlarven heraushacken kann.

Dreizehenspechte haben kein Rot im Gefieder. Schwarz und Weiß sind ihre Farben. Auffällig ist die schwarzweiße Streifung im Gesicht. Das Männchen hat eine goldgelbe Haube, das Weibchen eine weiße. Und wie es ihr Name schon sagt, besitzen sie an jedem Fuß nur drei Zehen.

Das Gefieder tarnt sie gut, und darum kannst Du einen Dreizehenspecht auch schnell übersehen, selbst wenn er neben Deinem Wanderpfad an einem Stamm sitzt. Wenn Du im Winter in den Bergen zum Skifahren bist, dann achte einmal darauf, ob Du ihn nicht doch entdeckst. Sitzt er an einem Stamm und Du näherst Dich ihm, weicht er vielleicht auf die Stammrückseite aus. Aber dennoch ist er wenig scheu. Wenn Du Dich langsam bewegst, kannst Du Dich bis auf weniger als zwei Meter an ihn heranpirschen.

Das Kixen des Dreizehenspechts ist schwer von dem des Buntspechts zu unterscheiden. Aber sein Trommeln wirkt deutlich scheppernd.

Im Frühjahr ringelt der Dreizehenspecht oft an Kiefern und Fichten. Er verfüttert den Ringelsaft sogar an seine Jungen. Während der Aufzucht der Jungen haben Männchen und Weibchen oft unterschiedliche Nahrungsgründe.

Käfersammler

Wo es die kleinen Borkenkäfer im Überfluss gibt, kann ein Dreizehenspecht an einem Wintertag bis zu 3 200 Käferlarven fressen! Damit schützt er effektiv den Wald, denn Borkenkäfer können einen Baumbestand schnell ruinieren.

Dieses Dreizehenspecht-Männchen hat reichlich Beute gemacht

Grünspecht

Fast golden erscheint der Grünspecht, wenn Du ihn von hinten anschaust. Außerdem hat er eine weit in den Nacken reichende rote Haube. Von vorn gesehen trägt er eine schwarze Augenmaske und einen „Streifenbart“. Darum wird er im Volksmund „Zorro“ genannt. Die Romanfigur Zorro, der Rächer der Armen, trägt nämlich eine schwarze Maske wie der Grünspecht. Zorro ist also keineswegs böse, sondern liebevoll gemeint.

Grünspechte sind viel größer als Buntspechte, etwa so groß wie eine kleine Taube. Im Gegensatz zu all unseren anderen Spechtarten ist der Grünspecht kein richtiger Waldbewohner. Er liebt mehr offene Landschaften mit Bäumen. In den Alpen sind das die Bereiche, wo der Wald lichter wird, oder am Rand von Lawinenschluchten. In der Ebene waren es früher die Auwälder großer Flüsse wie Rhein, Donau oder Elbe. Heute bewohnt er in vielen Teilen Deutschlands die Streuobstwiesen. Dort findet er alles, was ihm sein Leben angenehm macht: Ameisennester und Bäume für seine Höhlen.

Wenn Du ihn sehen möchtest, solltest Du auf den Obstwiesen suchen. Ein Merkmal, an dem Du den Grünspecht schon aus der Ferne ausmachen kannst, ist der für viele Spechte typische Wellenflug: Mit einigen Flügelschlägen schwingt er sich auf, dann sinkt er ab und steigt mit erneuten Flügelschlägen wieder auf.

Mit eingebauter Landkarte

Selbst im Winter, wenn alles verschneit ist – und das kommt in den Bergen regelmäßig vor –, weiß der Grünspecht, wo er die Ameisennester und -hügel findet. Er fliegt zielsicher zu den richtigen Plätzen. Zuerst buddelt er sich durch den Schnee, dann baut er Gänge in den Ameisenhügel.

Der Grünspecht - hier ein Männchen - liebt offene Landschaften

Riechprobe

Wenn Du einmal eine Grünspechthöhle findest, aus der die Jungen schon ausgeflogen sind und die so tief am Stamm sitzt, dass Du hineinriechen kannst, versuch's mal. Es riecht dort ganz stark nach Ameisensäure, mit der sich die Hauptbeute dieses Vogels verteidigt.

Ein kühles Bad weiß auch der Grünspecht zu schätzen

Waldspechte haben heute oft Mühe zu überleben, weil so viele alte Bäume gefällt werden. Dem Grünspecht geht es da besser. Er gewinnt neues Land, weil er selbst solche Flächen besiedelt, auf denen früher einmal Fabriken standen. Das sind zumeist offene, besonnte Flächen, auf die Ameisen gern einwandern, die Hauptspeise der Grünspechte. Inzwischen sind dort auch Bäume gewachsen, in denen der Grünspecht seine Höhle bauen kann.

Ameisen allein sind eine ziemlich trockene Nahrung. Die saftigen Larven und Puppen, prall gefüllt mit Fett und Eiweiß, befinden sich tiefer im Boden oder verborgen in den Ameisenhaufen oder im Holz. Selbst mit Hacken allein erreichen die Grünspechte ihre Beute nicht – aber sie haben eine lange Zunge. Mehr als zehn Zentimeter können sie die ausstrecken. Wo wohl so eine lange Zunge im Kopf Platz hat? Bis über den Hinterkopf reicht die Rückzugsscheide der Zunge, er kann sie also weit einziehen.

Doch eine glatte Zunge allein wäre noch keine gute Fangrute für Ameisenpuppen. Grünspechte haben daher im Kopf große Drüsen. Die sondern eine klebrige Flüssigkeit ab, mit der die Zunge eingeschleimt wird. Wenn dann der Grünspecht in enge Holzgänge, in Ritzen und Fugen züngelt, bleiben die Ameisenlarven an der Zunge kleben und können in den Schnabel gezogen werden.

Der Grünspecht findet ihm bekannte Ameisennester zielsicher, er muss also ein gutes Gedächtnis haben. Vergleicht man die Größe der Gehirne verschiedener Vogelgruppen, dann folgen Spechte gleich hinter Krähenvögeln und Papageien.

Ein „Grabspecht“

Bis zu 60 cm lange Gänge gräbt der Grünspecht im Winter in die Haufen der Waldameisen. Der Vorteil: Die Ameisen sind zu dieser Jahreszeit klamm vor Kälte und verspritzen darum keine Ameisensäure zur Verteidigung.

Zehn Zentimeter weit kann ein Grünspecht seine Zunge herausstrecken. Sie wird von Schleimdrüsen befeuchtet. Züngelt der Specht, bleiben Ameisenpuppen und Ameisen daran kleben.
Die Zunge kann bis in den Hinterkopf eingezogen werden.

Das Grauspechtmännchen wirkt wirklich grau, trotz der roten Federn am Kopf

Grauspecht

Während sich der Grünspecht ausbreitet, werden die Grauspechte immer seltener. Der Grauspecht hat seinen Namen von der grüngrauen Farbe seines Gefieders. Nur das Männchen hat einen roten Fleck auf der Stirn. Grün- und Grauspecht sind Zwillingsarten, allerdings ist der Grauspecht ein wenig leichter als sein Vetter. Auch er sammelt im Sommer viele Ameisen, hat jedoch einen längeren Speisezettel. So kommt der Grauspecht im Winter an die Futterhäuser, um das Fettfutter zu holen. Er pickt auch an Falläpfeln und fängt Grashüpfer oder sammelt Raupen. Der Grauspecht ist zudem mehr Waldbewohner als der Grünspecht. Seine Schlafhöhlen legt er fast immer im Wald an.

Erdspechte

Grünsprecht und Grauspecht suchen ihre Nahrung vor allem am Boden. Deshalb nennt man sie auch Erdspechte. Hier bohrt ein Grünspecht nach Ameisen.

Diese Löcher sind das Werk des Schwarzspechts – auf der Suche nach den großen Rossameisen im Fichtenstamm hat er hier fleißig gehackt

Ein Wanderspecht

Junge Schwarzspechte begeben sich zuweilen auf Wanderschaft. Ein deutscher Schwarzspecht flog etwa 1 000 Kilometer weit bis nach Südfrankreich.

Schwarzspecht

Der Schwarzspecht ist der größte europäische Specht. Selbst hinter den großen amerikanischen Arten muss er sich nicht verstecken. Wie es sein Name schon verrät, ist sein Gefieder schwarz. Das Männchen hat einen feuerroten Scheitel, das Weibchen nur einen schmalen roten Streifen am Hinterkopf. Auffallend sind die blassgelben Augenringe.

Schwarzspechte haben die schönste Stimme all unserer Spechte, das kräftigste Trommeln und den elegantesten Flug. Ihre Bruthöhlen bauen Schwarzspechte am liebsten in alten Buchen. Allein der Höhleneingang ist so breit, dass Du mit Deiner Hand leicht hineinlangen könntest. Häufig ist die Höhle aber so tief, dass Du ihren Boden nicht erreichst. Schwarzspechte benutzen Bruthöhlen oft viele Jahre. Trotzdem bauen sie im Lauf ihres Lebens mehr Höhlen, als sie selbst brauchen. Auch außerhalb der Brutperiode schlafen sie meistens in einer Höhle. Über frei gewordene Höhlen freuen sich dann der Waldkauz, die Hohltaube oder eine Dohle.

Nur gelegentlich kommt es vor, dass Schwarzspechte in dichten Fichtenkronen schlafen, also nicht in einer Höhle übernachten.

Bei der Nahrungssuche hackt der Schwarzspecht gern in alte Fichtenstümpfe. Dort nämlich leben besonders große Käferlarven.

Das Schwarzspechtjunge freut sich auf das Futter

Schwarzspechts Irrtum

15 große Löcher hackte ein Schwarzspecht in die Wand eines Hauses aus Holz. Als man die Ursache dafür suchte, warum er ausgerechnet hier so hartnäckig gehämmert hatte, stellte sich heraus: Hinter der Wand stand ein Transformator. Vermutlich hatte der Specht das Trafo-Summen als Nagegeräusche von Käferlarven missverstanden und gehofft, hier reiche Beute zu finden.

Wendehälse bauen selbst keine Höhlen. Oft erkunden sie viele Höhlen, ehe sie sich für eine entscheiden.

Die jungen, noch fast nackten Wendehälse legen die Hälse übereinander. Diese „Wärmepyramide“ bewahrt sie vor dem Auskühlen.

Wendehals

Wenn ein Vogelkundler den Wendehals bei der Kontrolle der Nistkästen auf seinem Nest überrascht oder ihn beim Beringen in der Hand hält, dann verdreht er seinen Hals nach links, nach rechts und wieder nach links. Ornithologen meinen, das soll eine Schlange vortäuschen und auf diese Weise Feinde abschrecken. Was aber sicher noch abschreckender wirkt, ist das „Puff!“, das der Wendehals ertönen lässt, wird er im Nest gestört.

Der Wendehals gehört zwar zur Familie der Spechte, doch er wird einem Nebenzweig zugeordnet, weil er sich von den Echten Spechten unterscheidet. Sein Gefieder ist unauffällig rindenfarben und weicher als bei den Echten Spechten. Zudem besitzt er keinen Stützschwanz. Noch etwas unterscheidet ihn von unseren anderen Spechten: Er brütet nicht selten zweimal im Jahr.

Männchen und Weibchen sind beim Wendehals kaum zu unterscheiden. Diese beiden haben Ameisen für ihre Jungen gesammelt.

Geruchsprobe

Wenn Du im Wald einen großen Ameisenhaufen siehst, halte doch einmal die Hand dicht darüber und warte, was geschieht. Dabei darfst Du den Haufen natürlich keinesfalls zerstören. Rieche nach einiger Zeit einmal an Deiner Hand – was Du wahrnimmst, ist die Ameisensäure.

Der Wendehals ist der einzige Zugvogel unter unseren Spechten. Sein Überwinterungsgebiet liegt im zentralen Afrika und ist hier blau dargestellt

Der Wendehals ist nur sperlingsgroß. Sein schwacher Schnabel taugt nicht zum Höhlenbau und noch weniger, um damit im Winter Ameisengänge aufzuklopfen. Da er jedoch wie der Grünspecht ein Liebhaber der Ameisen ist, zieht er im Herbst nach Afrika. Dort findet er auch im Winter seine Leibspeise.

Ameisendusche

Ein merkwürdiges Verhalten kannst Du beim Wendehals, aber auch bei anderen Arten wie hier dem Schwarzspecht beobachten. Der Specht setzt sich auf eine Ameisenstraße – aber nicht, um Ameisen zu fressen, sondern er nimmt die großen Wiesenameisen in den Schnabel und steckt sie sich ins Gefieder. Die enthalten so viel Ameisensäure, dass er sie nicht fressen mag, aber er kann sich mit ihnen „duschen". Für die Dusche ist ihm die Säure, die sie zu ihrer Verteidigung verspritzen, gerade recht, und er verdreht genüsslich die Augen dabei. Zoologen nennen es Einemsen. Es dient vermutlich dazu, mit der Säure Bakterien, Pilze und Parasiten abzutöten.

Mehr wissen!

Wenn Du noch mehr über Spechte erfahren willst, schau doch einmal ins Internet. Der Südwestrundfunk hat zusammen mit Vogelkundlern ein Projekt durchgeführt. Im Netz kannst Du sehen, wie Spechte brüten, wie die Spechtjungen heranwachsen und vieles mehr:
www.spechte-net.de/projekte/ganz-schön-behämmert/
www.planet-schule.de/spechte/content/wissen/themen/spechtarten.html
und für richtige Vogelforscher
www.fachgruppe-spechte.de

Großes Spechte Quiz

Du bist nun schon ein richtiger Spechtexperte. Wenn Du nun einmal mit Freundinnen und Freunden oder Deine Familie hinausgehst, wirst Du ihnen sicher vielerlei Spechte und Spechtspuren zeigen können.
Doch zuvor kannst Du Dein Wissen prüfen. Kreuze bei den Fragen jeweils die Antwort, die Du für richtig hältst, mit Bleistift an. Es können auch mehrere Antworten korrekt sein. Auf Seite 64 findest Du die Lösungen.

1. Welcher von unseren Spechten zieht im Winter fort?

a) Schwarzspecht ○
b) Grünspecht ○
c) Wendehals ○

2. Wie lang ist die Zunge des Grünspechts?

a) 3 Zentimeter ○
b) 10 Zentimeter ○
c) 30 Zentimeter ○

3. Wie lange muss ein Buntspecht brüten, bis seine Jungen schlüpfen?

a) Ungefähr vier Wochen ○
b) Ungefähr neun Tage ○
c) Ungefähr vier Tage ○

4. Welcher Specht baut seine Höhlen an Erdhängen?

a) Grauspecht ○
b) Goldspecht ○
c) Andenspecht ○

5. Auf welchem Kontinent gibt es keine Spechte?

a) Afrika ○
b) Australien ○
c) Amerika ○
d) Antarktis ○

6. Welcher ist der größte europäische Specht?

a) Grünspecht ○
b) Grauspecht ○
c) Schwarzspecht ○

7. **Warum brauchen Spechte alte Bäume?**

a) In den Kronen alter Bäume können sich Spechte gut verstecken. .... ❍
b) In alten Bäumen gibt es abgestorbene Äste, aus denen Spechte Larven heraushacken können. ...... ❍
c) In alten Bäumen finden Spechte gute Stellen zum Höhlenbau. .... ❍
d) Um darin Winterschlaf zu halten. ... ❍

8. **Wer freut sich über leer stehende Spechthöhlen?**

a) Fledermäuse .... ❍
b) Wildkatzen .... ❍
c) Waldkauz und Hohltaube .... ❍
d) Füchse .... ❍

9. **Was bedeutet Mauser?**

a) Gefieder putzen .... ❍
b) Federn wechseln .... ❍
c) Im Staub baden .... ❍

10. **Was frisst der Grünspecht am liebsten**

a) Kirschen .... ❍
b) Regenwürmer .... ❍
c) Ameisen .... ❍

11. **Was ist „typisch Specht"?**

a) Federwechsel .... ❍
b) Stützschwanz .... ❍
c) Hackschnabel .... ❍

12. **Wie viele Spechtarten leben in ganz Europa?**

a) 180 .... ❍
b) 11 .... ❍
c) 5 .... ❍

13. **Wie öffnet der Buntspecht Nüsse?**

a) Er lässt sie aus der Luft fallen, damit sie am Boden zerschellen. ... ❍
b) Er lässt sie vom Auto überfahren. ... ❍
c) Er zerhackt sie in seiner Schmiede. ❍

14. **Wie gelangt ein Specht an nahrhaften Baumsaft?**

a) Er bricht einen Zweig ab. .... ❍
b) Er wartet, bis ein anderes Tier den Baum verletzt. .... ❍
c) Er schlägt Löcher in die Rinde und wartet, bis Saft herausquillt. .... ❍

15. **Wo lebt der Grünspecht am liebsten?**

a) In dichten Tannenschonungen ...... ❍
b) Auf Maisäckern .... ❍
c) Auf Obstwiesen .... ❍

16. **Welche Spechtart lebt gern in Gruppen?**

a) Buntspecht .... ❍
b) Eichelspecht .... ❍
c) Wendehals .... ❍

17. **Welche Gefahren drohen unseren Spechten?**

a) Jagd .... ❍
b) Abholzen alter Bäume .... ❍
c) Autoverkehr .... ❍
d) Zerstören von Obstwiesen .... ❍

18. **Wie sehen junge Spechte aus, wenn sie aus dem Ei schlüpfen?**

a) Sie haben dichtes Dunengefieder ❍
b) Sie sind behaart .... ❍
c) Sie haben geschlossene Augen .... ❍
d) Sie sind völlig nackt .... ❍

19. **Warum trommeln Spechte?**

a) Um Larven aus dem Holz zu scheuchen .... ❍
b) Aus Langeweile .... ❍
c) Weil sie einen Partner anlocken wollen .... ❍
d) Weil sie zeigen wollen: „Hier bin ich zu Hause!" .... ❍

20. **Was kann Deine Familie für den Schutz unserer Spechte tun?**

a) Alte und tote Bäume im Garten stehen lassen .... ❍
b) Mehr Maisprodukte kaufen .... ❍
c) Apfelsaft von Obstwiesen trinken ❍
d) Den Rasen jede Woche mähen ...... ❍

Entdecke die Reihe mit der Eule!

Entdecke die Eulen

Entdecke die Greifvögel

Entdecke die Rabenvögel

Entdecke die Spechte

Entdecke die Finken

Entdecke die Spatzen

Entdecke die Eisvögel

Entdecke die Zugvögel

Entdecke die Singvögel

Entdecke die Meisen

Entdecke die Kraniche

Entdecke die Störche

Entdecke die Möwen

Entdecke die Pinguine

Entdecke die Papageien

Entdecke die Kolibris

Entdecke die Fledermäuse

Entdecke die Hunde

Entdecke die Kühe

Entdecke die Pferde

Entdecke die Esel

Entdecke die Nagetiere

Entdecke die Igel

Entdecke die Waschbären

Entdecke die Biber

Entdecke die Otter

Entdecke die Wölfe

Entdecke die Tiger

Entdecke die Bären

Entdecke die Pandas

Entdecke die Menschenaffen

Entdecke die Elefanten

Entdecke die Nashörner

Entdecke die Erdmännchen

Entdecke Affen und Lemuren

Entdecke die Beuteltiere

Natur und Tier - Verlag GmbH
An der Kleimannbrücke 39/41 · 48157 Münster
Telefon: 0251 - 13339-0 · Fax: 0251 - 13339-33
E-Mail: verlag@ms-verlag.de · www.ms-verlag.de